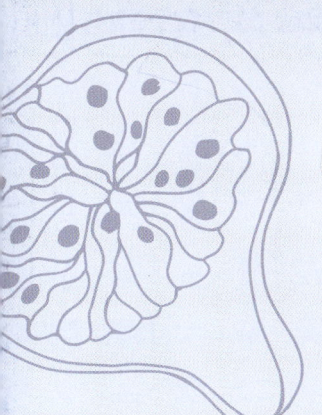

FRANZ BRANDL

50 TOP-DRINKS MIT GIN & WODKA

BEST OF COCKTAILS

südwest

INHALT

TIPPS ZUR ZUBEREITUNG | 4

GIN – WARENKUNDE | 6

BEKANNTE GINMARKEN | 8

GINREZEPTE | 12

WODKA – WARENKUNDE | 62

BEKANNTE WODKAMARKEN | 64

WODKAREZEPTE | 68

COCKTAILREGISTER | 114

IMPRESSUM | 116

TIPPS ZUR ZUBEREITUNG

Das wichtigste Arbeitsgerät des Barmixers ist der Shaker. Beim dreiteiligen Shaker ist das Sieb im Mittelteil bereits eingebaut. Der zweiteilige Boston-Shaker besteht aus einem Edelstahl- und einem Glasteil, und man benötigt zusätzlich ein Barsieb. Shaker und Elektromixer sind das Herzstück der Ausrüstung. Außerdem benötigt man ein kleines Schneidbrett, ein Barmesser, einen Barlöffel, Flaschenöffner und einen Messbecher. Mit einer Eiszange oder Eisschaufel und einem Gefäß für das Eis ist die Ausstattung komplett. Mit Ausnahme des Shakers und des Barsiebs (Strainer) finden sich die meisten Gerätschaften in irgendeiner Form im Haushalt.

ZUBEHÖR

Zum Aufspießen von Früchten benötigt man Cocktailspieße aus Plastik oder Holz. Trinkhalme in verschiedenen Farben und lange Stirrer (Rührstäbe) eignen sich als Zugabe zu kohlensäurehaltigen Drinks.

VERMISCHEN IM RÜHRGLAS

Im Rührglas – ein hohes, meist dickwandiges Glas mit Ausgießschnabel – mischt man hauptsächlich die im Ergebnis klaren Shortdrinks. Dabei werden die Zutaten mit Eiswürfeln durch das Rühren mit einem Barlöffel vermischt und gekühlt. Durch ein Barsieb wird dann der Inhalt in das Trinkglas abgegossen.

SCHÜTTELN IM SHAKER

Beim Schütteln gibt man zuerst Eiswürfel in das Unterteil des Shakers und gießt die Zutaten dazu. Dann wird der Shaker geschlossen und in waagerechter Haltung in Schulterhöhe kräftig geschüttelt. Nach dem Absetzen wird der Shaker geöffnet und durch das Barsieb in das Trinkglas auf frische Eiswürfel abgegossen.

ZUBEREITUNG IM ELEKTROMIXER

In den Aufsatz des Elektromixers werden Eiswürfel oder zerstoßenes Eis und die Zutaten gegeben. Dann lässt man den Elektromixer laufen, bis alles gut vermischt und gekühlt ist. Abgegossen wird die gesamte Mischung in Gläser – mit oder ohne frisches Eis. Zuletzt wird der Drink mit Früchten garniert.

SHAKER

Drei Modelle von Shakern sind auf dem Markt: der zwei-teilige aus Silber, der dreiteilige aus Edelstahl mit im Mit-telteil eingebautem Sieb und der Boston-Shaker, der aus einem kleineren Glasteil und einem größeren Edel-stahlteil besteht. Beim Metallshaker wird das Unterteil gefüllt und das Oberteil nach innen eingesetzt. Nach dem Shaken wird aus dem Unterteil abgegossen. Beim Boston-Shaker wird das Glasteil gefüllt und das Metall-teil darübergestülpt.

GIN – WARENKUNDE

Die Geschichte des Gins beginnt im 16. Jahrhundert in Holland. Dort stellten Schnapsbrenner Genever (vom franz. Genièvre für Wacholder), einen mit Wacholder aromatisierten Branntwein, her. Wahrscheinlich waren es englische Truppen, die das Rezept mit in ihre Heimat brachten. Auf dieser Grundlage wurde aus dem holländischen Genever der englische Gin. Der große Durchbruch auf dem Weg zum englischen Nationalgetränk kam aber erst um das Jahr 1800. Ein großer Teil des bis dahin hergestellten Gins war von sehr zweifelhafter Qualität, der Konsum dieses minderwertigen Gins nahm das Ausmaß einer nationalen Krise an. Das besserte sich, als man durch regulierende Gesetze die Ginhersteller kontrollierte und diese sich um eine höhere Qualität ihrer Produkte bemühen mussten. Ab Mitte des 19. Jahrhunderts wurde der Gin ein respektableres Getränk, und seit Beginn des letzten Jahrhunderts gibt es Gin in der Qualität, die wir heute kennen. In Vergessenheit geraten sind die bis in das 20. Jahrhundert hinein bekannten Ginvarianten Sloe Gin und Pink Gin. Seit einiger Zeit wird jedoch besonders der Sloe Gin wieder vermehrt angeboten. Ursprünglich wurden dafür dem Gin Sloe Berries (Schlehen), Zucker und auch Gewürze zugesetzt, er wird heute aber auch direkt mit Schlehensaft bereitet. Pink Gin ist Gin, der mit etwas Aromatic Bitter aromatisiert wurde.

unter »Hand of Buda Lemon«, eine seltene und sehr aromatische asiatische Zitrusfrucht, prägen diesen außergewöhnlichen Gin (40 %vol). Des Weiteren wird der vierfach, in über 100 Jahre alten Stills nach traditionellem, englischem System destillierte Botanic Ultra Premium London Dry Gin mit 45 %vol angeboten. Zusätzlich gibt es kleine Sprayfläschchen mit »Aqua de Buda«. Dieses Botanic – »Hand of Buda Lemon« – Spirits Drink-Spray wird aus der Zitrusfrucht »Hand of Buda Lemon« in Pot Stills destilliert. Drinks wie Gin & Tonic, besprüht mit den einzigartigen Aromen von »Hand of Buda Lemon«, erhalten damit eine zusätzliche Note. Die blauen Fläschchen haben 10 cl Inhalt und 49 %vol.

BOTANIST ISLAY DRY GIN Im Jahr 2010 wurde der Botanist Islay Dry Gin von der Bruichladdich Whisky Distillery vorgestellt. Er ist der erste und bisher einzige Gin, der auf der berühmten schottischen Whiskyinsel Islay hergestellt wird. Für ihn werden über 30 Botanicals verwendet, wobei der Großteil von der Insel selbst stammt. Der Alkoholgehalt beträgt 46 %vol.

BROKER'S LONDON DRY GIN Broker's ist eine noch junge englische Marke und wurde 1998 eingeführt. Das Rezept des Broker's Gin ist über 200 Jahre alt und wurde nach umfangreichen Geschmackstests unter vielen Rezepturen ausgewählt. Broker's London Dry Gin wird mit 40 und 47 %vol angeboten.

FINSBURY LONDON DRY GIN Finsbury (37,5 %vol) stammt aus der gleichnamigen, 1740 im Londoner Vorort Finsbury gegründeten Destillerie. Mit dem vor einigen Jahren eingeführten Finsbury Platinium (47 %vol), einem exzellenten, sechsfach destillierten Super-Premium-Gin, ist Finsbury auch in der Oberliga der Top-Ginmarken vertreten.

GORDON'S London Dry Gin ist die mit weitem Abstand meistverkaufte Ginmarke und steht mit ihrer ausgesprochen dominanten Wacholdernote für den klassischen Gin. Die Rezeptur für Gordon's London Dry Gin geht bis in das Jahr 1769 zurück, in eine Zeit, in der England gerade eine massiv gingeschwängerte Zeit zu durchleben begann. Gordon's London Dry Gin wird meist mit 37,5 %vol angeboten, es gibt ihn aber auch mit 40 %vol und mit 47,3 %vol.

NO.3 GIN Berry Brothers & Rudd ist der berühmteste Name für Weine und Spirituosen in Großbritannien. Das in der Londoner St. James Street 3 ansässige Unternehmen wurde bereits 1698 gegründet, sein Ruf ist geradezu legendär. Ein neues, aufsehenerregendes Produkt ist der No.3 Gin, dessen Name auf die Hausnummer hinweist. Ausgesuchte Zutaten, eine präzise Herstellung und eine exquisite Präsentation waren die Voraussetzung für den No.3 Gin. Für diesen begnügt man sich mit sechs botanischen Zutaten, wobei Wacholder die präsente Hauptnote stellt. No.3 London Dry Gin wird in den Niederlanden hergestellt und in einer Flasche mit eingearbeitetem Schlüssel angeboten, sein Alkoholgehalt beträgt 46 %vol.

TANQUERAY Der in außergewöhnlichen (angeblich einem englischen Hydranten nachgebildeten) Flaschen angebotene Tanqueray ist Kult unter den Ginfans. Tanqueray wurde 1740 von Charles Tanqueray gegründet, Tanqueray Gin gibt es seit 1830. Ein London Dry Gin mit delikaten Wacholdertönen, Noten frischer Zitrusfrüchte und leichten Kräuternuancen. Im Jahr 2000 wurde der Tanqueray No. TEN London Dry Gin eingeführt. Seinen Geschmack prägen frische Kräuter, Gewürze und Früchte. Das Original gibt es je nach Land mit 40, 43,1 und 47,3 %vol. Der No. TEN hat 47,3 %vol. Die neueste Schöpfung ist der Tanqueray Dry Gin Rangpur, ein mit Rangpur-Limetten aromatisierter Gin mit 41,3 %vol.

GIN TONIC

DER LONGDRINK N° I

4–6 cl Gin

kaltes Tonic Water

SO WIRD'S GEMACHT

Einige Eiswürfel in ein Longdrinkglas geben und den Gin dazugießen. Mit kaltem Tonic Water auffüllen. Eine halbe Zitronen- oder Limettenscheibe und einen Stirrer dazugeben.

ANMERKUNG Der Gin Tonic ist der meistgetrunkene Longdrink der Welt. Die verwendete Sorte und die Menge an Gin sowie Tonic Water sind Geschmackssache. In der Regel werden etwa 15 cl Tonic Water dazugegeben.

BEKANNTE GINMARKEN

BEEFEATER Beefeater wird in London hergestellt, seine Ursprünge gehen bis in die 1820er-Jahre zurück. Er ist der einzige Gin, der immer noch in London destilliert und abgefüllt wird. Dem Trend der Zeit folgend, stellte man der 40 %vol-Abfüllung eine mit 47 %vol zur Seite. Dazu kam im Jahr 2008 der »Beefeater 24« London Dry Gin (45 %vol), der eine andere Würzkombination aufweist.

BOMBAY SAPPHIRE 1987 wurde dem klassischen Bombay Gin der Bombay Sapphire zur Seite gestellt. Der in saphirblauen Flaschen abgefüllte Sapphire kam mit 47 %vol auf den Markt, wurde dann aber auch mit 40 %vol angeboten.

BOTANIC LONDON DRY GIN Seinen Ursprung hat dieser dreifach destillierte Gin in der 1920 in Birmingham/England gegründeten Langley Distillery. Seine endgültige Persönlichkeit erhält er beim Sherryhaus Williams & Humbert in Jerez. Weit mehr als zehn Botanicals, darunter

DIE HERSTELLUNG

Die alkoholische Basis für Gin war ursprünglich ausschließlich Getreide, heute wird sehr hoch ausgebrannter neutraler Alkohol (96 %vol) aus Getreide, Melasse oder auch Wein verwendet. Diese Destillate werden unter Zusatz von Wasser im Alkoholgehalt reduziert und mit Wacholderbeeren sowie weiteren Aromaträgern, u. a. Zitrusfrüchteschalen, Anis, Angelika, Fenchel, Kalmus, Kardamom, Koriander, Lavendel, Mandel, Zimt und Kümmel, noch einmal destilliert. Auf Trinkstärke herabgesetzt (Mindestalkoholgehalt 37,5 %vol) ist Gin nach kurzer Lagerzeit trinkfertig. Man unterscheidet zwei Arten: den trockenen Dry Gin oder London Dry Gin und die mit Zucker leicht gesüßten Sorten Old Tom Gin und Plymouth Gin. Der zweite Gintyp ist in Deutschland weniger bekannt. Beide waren früher schwerer und aromatischer als London Gin, haben sich aber im Laufe der Jahre dem leichteren, international berühmteren London Gin angeglichen. London Gin bezeichnet den Gintyp; er muss nicht in London hergestellt sein, Plymouth Gin muss jedoch aus Plymouth stammen. Die Bezeichnung »Dry« bei London Dry Gin weist darauf hin, dass kein Zucker zugesetzt wurde.

Seit Beginn des neuen Jahrhunderts ist der Ginmarkt in Bewegung, und ungezählte Marken mit vielfältigen Aromatisierungen bereichern seither das Angebot.

MARTINI-COCKTAIL
MAN LIEBT ODER HASST IHN

6 cl Gin

1 cl Vermouth Dry

1 Olive mit Stein oder

1 Stück Zitronenschale

SO WIRD'S GEMACHT

In ein Rührglas Eiswürfel geben. Gin und Vermouth dazugießen und mit einem Barlöffel gut verrühren. Dann in ein gekühltes Martiniglas abgießen. Eine grüne Olive dazugeben oder mit einer Zitronenschale abspritzen.

VARIANTEN

WODKA-MARTINI Wodka anstelle von Gin

PERFECT COCKTAIL Je 2 cl Gin, Vermouth Rosso und Vermouth Dry, Orangenschale

GIN AND IT 4 cl Gin, 2 cl Vermouth Rosso, Orangenschale

CLARIDGE 2 cl Gin, 2 cl Vermouth Dry, 1 cl Cointreau, 1 cl Apricot Brandy

RHUBARB MARTINI
APARTE MARTINI-VARIANTE

2 cl Gin

3 cl De Kuyper Sour Rhubarb

1 cl Noilly Prat

1 cl Rose's Lime Juice

1 Spritzer Zitronensaft

SO WIRD'S GEMACHT

Alle Zutaten mit Eiswürfeln im Shaker
schütteln und in eine Cocktailschale
abgießen. Einen Spieß mit Erdbeerstück-
chen dazugeben.

ANMERKUNG Rhubarb-(Rhabarber-)Liköre
sind moderne Kreationen. Sie sind fruch-
tig, säuerlich-süß und meist niedrig im
Alkoholgehalt.

GIMLET

FEIN-HERBER GINKLASSIKER

4 cl Gin
2 cl Rose's Lime Juice

SO WIRD'S GEMACHT

Gin und Lime Juice mit Eiswürfeln im Rührglas gut vermischen, in ein gekühltes Cocktailglas abgießen und mit einer Limettenscheibe garnieren. Das Verhältnis zwischen Gin und Rose's Lime Juice kann man nach Geschmack verändern.

VARIANTEN

WODKA GIMLET Wodka anstelle von Gin

CHOCOLATE GIMLET 4 cl Gin, 1,5 cl Mozart Black Chocolate, 1,5 cl Rose's Lime Juice

ANMERKUNG Rose's Lime Juice ist kein Saft, sondern ein spezieller Limettensirup.

WHITE LADY
BERÜHMTER GINKLASSIKER

4 cl Gin

2 cl Cointreau

2 cl Zitronensaft

SO WIRD'S GEMACHT

Zutaten im Shaker mit Eiswürfeln gut schütteln und in eine Cocktailschale abgießen. Eine Cocktailkirsche dazugeben.

VARIANTE

BLUE LADY Cointreau durch Curaçao Blue ersetzen

VANITY
FRUCHTIGER HAPPY-HOUR-DRINK

2 cl Gin

2 cl Blue Curaçao

1 cl Grenadine

2 cl Zitronensaft

3 cl Ananassaft

SO WIRD'S GEMACHT

Die Zutaten mit Eiswürfeln im Shaker kräftig schütteln und in ein Stielglas abgießen. Eine Physalis an den Glasrand stecken.

RED LION
KLASSIKER DER 1930ER-JAHRE

3 cl Gin

2 cl Grand Marnier

1 cl Zitronensaft

4 cl Orangensaft

SO WIRD'S GEMACHT

Die Zutaten mit Eiswürfeln im Shaker gut schütteln und in eine Cocktailschale abgießen.

ANMERKUNG Dieser Drink wurde ursprünglich mit Booth's Gin gemixt, der die englischen »Three Lions« in Rot auf dem Etikett trug – daher der Name.

VARIANTEN

FLAMINGO 4 cl Gin, 2 cl Apricot Brandy, 2 cl Zitronensaft, 1 Barlöffel Grenadine

PARADISE 4 cl Gin, 2 cl Apricot Brandy, 4 cl Orangensaft

GIN SOUR

5 cl Gin

3 cl Zitronensaft

2 cl Zuckersirup

SO WIRD'S GEMACHT

Die Zutaten im Shaker mit Eiswürfeln kräftig schütteln und in ein kleines Stielglas oder in einen kleinen Tumbler auf einige Eiswürfel abgießen. Eine halbe Orangenscheibe und eine Cocktailkirsche dazugeben.

ANMERKUNG Der Gin Sour gehört neben dem Gin Fizz und dem Tom Collins zu den großen Drei der Gin-Zitrone-Zucker-Rezepte. Die anderen beiden bestehen aus den gleichen Zutaten, werden aber mit Soda Water aufgefüllt. Der Gin Fizz wird ohne Eiswürfel in einem mittelgroßen Becherglas, der Tom Collins in einem Longdrinkglas mit Eiswürfeln angerichtet. Dazu kommen beim Tom Collins wie beim Gin Sour eine halbe Orangenscheibe und eine Cocktailkirsche.

SINGAPORE SLING
AUS DEM RAFFLES HOTEL IN SINGAPUR

4–6 cl Gin

2 cl Cherry Heering

2 cl Zitronensaft

½ cl Grenadine

1 Spritzer Angostura

etwa 6 cl kaltes Sodawasser

einige Tropfen Bénédictine

SO WIRD'S GEMACHT

Die Zutaten – ohne Sodawasser und Bénédictine – im Shaker mit Eiswürfeln kräftig schütteln und in ein Longdrinkglas auf einige Eiswürfel abgießen. Mit kaltem Sodawasser auffüllen, eine halbe Zitronenscheibe dazugeben. Den Bénédictine daufträufeln.

ANMERKUNG Das Rezept aus dem Jahr 1915 erfuhr seither viele Veränderungen. Heute wird der Singapore Sling oft mit Ananas- und/oder Orangensaft gemixt, meist wird Cointreau oder Apricot Brandy und direkt bis zu 1 cl Bénédictine dazugegeben.

BOMBAY CRUSHED

FEINER ÁFTER-WORK-DRINK

4 Kumquats

2 Barlöffel brauner Zucker

4–6 cl Bombay Sapphire Gin

2 cl Rose's Lime Juice

SO WIRD'S GEMACHT

Die Kumquats halbieren und mit einem Holzstößel in einem Tumbler ausdrücken. Zucker, Gin und Lime Juice dazugeben. Gut vermischen, das Glas mit zerstoßenem Eis füllen und nochmals umrühren.

FRENCH 75
ZITRONIG-SÜSS UND PRICKELND

4 cl Gin

2 cl Zitronensaft

1 cl Zuckersirup

10 cl kalter trockener Sekt

SO WIRD'S GEMACHT

Die Zutaten – ohne Sekt – mit einigen Eiswürfeln im Shaker gut schütteln und in ein großes Stielglas abgießen. Mit Sekt auffüllen.

MOULIN ROUGE
FÜR DEN FRÜHEN ABEND

2 cl Gin

2 cl Apricot Brandy

2 cl Zitronensaft

1 cl Grenadine

10 cl kalter trockener Sekt

SO WIRD'S GEMACHT

Die Zutaten – ohne Sekt – mit Eiswürfeln
im Shaker gut schütteln und in ein großes
Stielglas abgießen. Mit Sekt auffüllen.
Eine halbe Orangenscheibe und eine
Cocktailkirsche dazugeben.

YELLOW STAR
FÜR ANISLIEBHABER

2 cl Gin

2 cl Pernod oder Pastis

2 cl Crème de Bananes

1 cl Maracujasirup

8 cl Orangensaft

SO WIRD'S GEMACHT

Die Zutaten mit Eiswürfeln im Shaker gut schütteln und in einen Tumbler auf Eiswürfel abgießen. Einen Fruchtspieß mit Erdbeeren und Pfirsichstücken über den Glasrand legen.

GIN BRAMBLE
FEINER HAPPY-HOUR-DRINK

4 cl Gin

2 cl Zitronensaft

1 cl Zuckersirup

½ cl Crème de Mûre (Brombeerlikör)

SO WIRD'S GEMACHT

Die Zutaten – ohne die Crème de Mûre –
mit Eiswürfeln im Shaker kräftig schütteln
und in einen Tumbler auf gestoßenes Eis
abgießen. Mit Brombeeren garnieren.
Die Crème de Mûre auf den fertigen
Drink geben.

TROPICAL RED
MIT FEINEM ORANGENGESCHMACK

2 cl Gin

4 cl Red Orange Liqueur

6 cl Orangensaft

6 cl Grapefruitsaft

SO WIRD'S GEMACHT

Alle Zutaten mit Eiswürfeln im Shaker kräftig schütteln und in ein Longdrinkglas auf einige Eiswürfel abgießen. Einen Spieß mit einer halben Orangenscheibe und einer Cocktailkirsche über den Glasrand legen.

ANMERKUNG Diesen Drink kann man auch direkt im Glas anrichten.

BANANA BOAT
APARTER LONGDRINK

3 cl Gin

3 cl Crème de Bananes

12 cl Orangensaft

1 Barlöffel Grenadine

SO WIRD'S GEMACHT

Die Zutaten – ohne Grenadine – mit Eiswürfeln im Shaker kräftig schütteln und in ein Longdrinkglas auf einige Eiswürfel abgießen. Anschließend die Grenadine darübergeben. Eine Orangenscheibe und eine Cocktailkirsche an den Glasrand stecken.

ANMERKUNG Diesen Drink kann man auch direkt im Glas anrichten.

CRANBERRY COOLER
MIT FEINEM CRANBERRYGESCHMACK

6 cl Gin

12 cl Orangensaft

2 cl Cranberrysirup

SO WIRD'S GEMACHT

Ein Longdrinkglas mit zerstoßenem Eis
füllen. Dazu den Gin und den Orangensaft geben und mit einem Barlöffel gut
verrühren. Den Sirup darübergießen. Eine
halbe Orangenscheibe dazugeben.

ORANGENFLIP
FÜR DEN NACHMITTAG

2 cl Gin

3 cl Dry Orange Curaçao

4 cl Orangensaft

1 cl Zuckersirup

2 cl Sahne

1 Eigelb

SO WIRD'S GEMACHT

Die Zutaten im Shaker mit Eiswürfeln kräftig schütteln und in ein Stielglas abgießen. Mit geriebener Muskatnuss bestreuen.

VARIANTEN

ZITRONENFLIP Anstelle von Orangensaft 2 cl Zitronensaft

BANANENFLIP 2 cl Gin, 3 cl Crème de Bananes, 1 cl Zuckersirup, 2 cl Sahne, 1 Eigelb, geriebene Muskatnuss

SAPPHIRE SUMMER
FRUCHTIGER SOMMERDRINK

4 cl Bombay Sapphire Gin

2 cl Cherry Brandy

2 cl Rose's Lime Juice

1 cl Zuckersirup

8 cl Cranberrynektar

8 cl Apfelsaft

SO WIRD'S GEMACHT

Die Zutaten mit Eiswürfeln im Shaker
kräftig schütteln und in ein Longdrinkglas
auf einige Eiswürfel abgießen. Mit Apfel-
spalten garnieren.

FLORIDA SLING
FRUCHTIGER ALLROUNDER

4 cl Gin

2 cl Cherry Brandy

3 cl Zitronensaft

1 cl Grenadine

6 cl Ananassaft

SO WIRD'S GEMACHT

Die Zutaten im Shaker mit Eiswürfeln gut schütteln und in ein zur Hälfte mit Eiswürfeln gefülltes Longdrinkglas abgießen. Mit einem Ananasstück und einer Cocktailkirsche garnieren.

VARIANTE

PINK SLING Cherry Brandy durch Crème de Cassis ersetzen

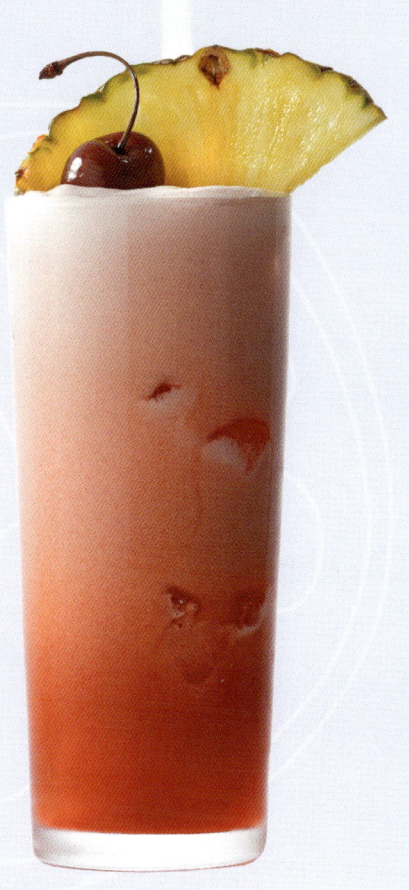

GREEN JADE
MINZIG UND CREMIG

3 cl Gin

2 cl Crème de Menthe grün

6 cl Sahne

SO WIRD'S GEMACHT

Die Zutaten mit Eiswürfeln im Shaker gut schütteln und in eine Cocktailschale abgießen. Mit einem Minzezweig garnieren.

VARIANTEN

GIN ALEXANDER 4 cl Gin, 2 cl Crème de Cacao weiß, 4 cl Sahne

SILVER JUBILEE 2 cl Gin, 4 cl Crème de Bananes, 4 cl Sahne

BIG BEN
NICHT NUR FÜR DEN SOMMER

5 cl Gin

2 cl Zitronensaft

4 cl Orangensaft

1 cl Grenadine

8 cl kaltes Bitter Lemon

SO WIRD'S GEMACHT

Die Zutaten – ohne Bitter Lemon – mit Eiswürfeln im Shaker gut schütteln und in ein Longdrinkglas auf Eiswürfel abgießen. Mit Bitter Lemon auffüllen. An den Glasrand eine Zitronenscheibe mit einer Cocktailkirsche stecken.

BRONX

3 cl Gin

2 cl Vermouth Dry

2 cl Vermouth Rosso

3 cl Orangensaft

SO WIRD'S GEMACHT

Die Zutaten mit Eiswürfeln im Shaker
kräftig schütteln und in eine Cocktailschale oder einen kleinen Tumbler auf
Eiswürfel abgießen.

VARIANTEN

BRONX DRY Nur Vermouth Dry

BRONX SWEET Nur Vermouth Rosso

PINK FLAMINGO
FRUCHTIG UND GEHALTVOLL

3 cl Gin

3 cl Cherry Brandy

4 cl Ananassaft

4 cl Orangensaft

2 cl Kokossirup

SO WIRD'S GEMACHT

Die Zutaten mit Eiswürfeln im Shaker gut
schütteln und in ein Longdrinkglas auf
zerstoßenes Eis abgießen. An den Glasrand eine halbe Orangenscheibe mit
einer Kiwischeibe und einer Cocktailkirsche stecken.

GIN HOT TODDY
KLASSIKER FÜR KALTE TAGE

5 cl Gin

3 cl Zitronensaft

2 cl Zuckersirup

½ Zitronenscheibe

einige Nelken

1 Zimtstange

SO WIRD'S GEMACHT

Gin, Zitronensaft und Zuckersirup erhitzen, in ein feuerfestes Glas geben und mit heißem Wasser auffüllen. Eine halbe Zitronenscheibe mit Nelken spicken und eine Zimtstange dazugeben.

WODKA – WARENKUNDE

Das Nationalgetränk der Russen und Polen ist der Wodka (deutsch: Wässerchen). Er hatte seinen Ursprung in diesen beiden Ländern; dort bezeichnete man als Wodka die als Heilmittel geltenden Getreide- und Kartoffeldestillate. Der Zeitpunkt der ersten alkoholischen Destillation ist unbekannt. Sicher ist aber, dass bereits im 17. Jahrhundert in beiden Ländern viel Wodka hergestellt wurde. Wodka war bis Anfang des 20. Jahrhunderts nur dort bekannt, und erst nach dem Ersten Weltkrieg begannen russische Emigranten außerhalb ihrer alten Heimat mit der Wodkaproduktion. Für die westliche Welt begann in den 1960er-Jahren das Wodkazeitalter. Auch in den USA, dem klassischen Land der Mixgetränke, ersetzte der Wodka vielfach den Gin und wurde auch dort zu einer der wichtigsten Mixspirituosen.

DIE HERSTELLUNG

Als Rohstoffe werden bei der Wodkaherstellung hauptsächlich Gerste, Roggen, Weizen oder auch Kartoffeln verwendet. Die Auswahl der Rohstoffe hat jedoch kaum Bedeutung, da sich bei der mehrfach aufeinanderfolgenden Destillation fast alle Geschmacksstoffe verlieren. Bei Wodka will man, im Gegensatz zu anderen Spirituosen, ein reines, weiches und neutral schmeckendes Produkt. Dies wird durch eine mehrfache, meist über

Holzkohle vorgenommene Filtrierung erreicht. Außer den klaren, neutralen Wodkas werden auch aromatisierte Sorten hergestellt. Altbekannt sind Zubrovka/Zubrowka und Pertsovka. Jeder dieser Wodkas erhält dadurch einen ausgeprägten Geschmack. Besonders intensiv ist dieser beim russischen Pertsovka (nach Pfeffer) und beim russischen und polnischen Zubrovka/Zubrowka. Diese leicht gelblichen Wodkas erhalten einen an Waldmeister erinnernden Geschmack durch die Zugabe von cumarinhaltigen Büffelgrashalmen. Mitte der 1980er-Jahre begannen auch westliche Produzenten mit der Herstellung aromatisierter Wodkas. Dabei waren die mit Pfeffer und Zitrone aromatisierten Wodkas die ersten Sorten. Diesen folgten weitere Zitrus- und Beerenfrüchte sowie Obstsorten wie Birne und Pfirsich, und auch der Vanillewodka fand seine Liebhaber. Mit aromatisierten Wodkas gemixte Drinks erhalten eine zusätzliche aparte Geschmacksnote. Da die benötigten Rohstoffe für die Wodkaherstellung nicht von geografischen Verhältnissen abhängig sind, ist auch die Produktion über die ganze Welt verbreitet. Wodka wird außer in den traditionellen Ländern Polen und Russland in Finnland, Schweden, Deutschland, England, Kanada, Frankreich und in großem Umfang in den USA hergestellt. Der Mindestalkoholgehalt beträgt 37,5 %vol, die meisten Marken werden mit 40 %vol angeboten.

BEKANNTE WODKAMARKEN

ABSOLUT Die schwedische Marke Absolut ist seit 1879 bekannt. Genau 100 Jahre später begann mit einer äußerst erfolgreichen Werbekampagne ein kometenhafter Aufstieg. Heute ist Absolut mit rund 130 Millionen verkauften Flaschen (2010) die viertgrößte Spirituosenmarke der Welt. Ein weiteres Highlight sind die aromatisierten Wodkas. 1986 wurde Absolut »Peppar« eingeführt und war damals der erste Flavoured Wodka, der im internationalen Markt verkauft wurde. Dem Peppar folgte 1988 der »Citron«; dieser verhalf den aromatisierten Wodkas zum Durchbruch. Es folgten »Kurant« (Johannisbeere), »Mandrin«, »Raspberri« (Himbeere), »Vanilia« und »Apeach« (Pfirsich). Dazu kamen der mit Grapefruit aromatisierte »Ruby Red« und »Pears«. Die zuletzt eingeführte Sorte war Berri Açai, deren Fruchtaroma mit der südamerikanischen Açai-Beere komponiert wird. Außer dem Original und den aroma-

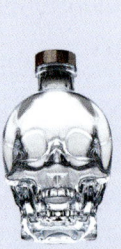

tisierten Sorten (alle 40 %vol) gibt es den Absolut 100 mit 50 %vol und den Super-Premium-Vodka »Level« mit ebenfalls 40 %vol.

BAVARKA Die im oberbayerischen Schliersee beheimatete Obstbrennerei Lantenhammer schrieb mit ihrem Slyrs-Whisky schon einmal Geschichte. Das neueste Produkt ist der seit 2011 angebotene Bavarka Vodka (43 %vol). Dieser wird in einer für Wodka untypischen blauen Metallicflasche angeboten, auf der vieles auf Bayern als Ursprungsland hinweist. Aus Kartoffeln und Gebirgsquellwasser wird der Bavarka siebenfach destilliert. Vor der Abfüllung lagert das Destillat dann ein halbes Jahr in Steingutgefäßen.

CRYSTAL HEAD Hinter der Marke steht der amerikanische Schauspieler Dan Aykroyd, der auch das Konzept dazu mitentwickelte. Crystal Head wird in St. John's in Neufundland aus einer nur der Firma bekannten Getreidemischung vierfach destilliert und mit Wasser eines tiefen Gletschersees produziert. Crystal Head ist nicht nur ein optischer Blickfang, sondern auch ein qualitativ bemerkenswerter Wodka. Er wird mit 40 %vol angeboten.

GRASOVKA Dem polnischen Grasovka »Bison Brand Vodka« (40 %vol) wird ein Halm eines in Ostpolen wachsenden Steppengrases (Mariengras/Büffelgras) zugegeben, womit der Wodka aromatisiert wird. Die in Polen frei lebenden Büffel (Bisons/Wisente = polnisch: Zubr) lieben dieses Gras, daher die Bezeichnung »Zubrovka«. Das cumarinhaltige Gras verleiht dem Zubrovka/Grasovka einen milden Waldmeistergeschmack und den leichten Farbton.

MOSKOVSKAYA Trotz der großen Vielfalt an Marken und Sorten gilt für viele Konsumenten nur der russische Wodka als »der echte Wodka«. Der durch und durch russische Moskovskaya genießt in Deutschland den höchsten Bekanntheitsgrad und zählt durch seine Präsenz seit 1965 zu den Urgesteinen der Wodkakultur. Für ihn stellen Roggen und Roggenmalz den Grundstoff, einer dreimaligen Filtrierung durch Holzkohle und Quarz verdankt er seine Reinheit. Eine weitere Moskovskaya-Marke ist der Moskovskaya »Cristall« (beide 40 %vol).

SMIRNOFF Smirnoff hatte seinen Ursprung 1818 in St. Petersburg und war schon bis zur russischen Revolution unglaublich erfolgreich. 1939 kamen Rezeptur und Namensrechte nach vielen Umwegen in die USA. Ab den 1960er-Jahren begann der Aufstieg des Smirnoff zur heute größten Spirituosenmarke der Welt. Außer der Hauptmarke, dem Smirnoff No. 21 (37,5 %vol), gibt es Smirnoff Black (40 %vol), Smirnoff No. 57 (50 %vol) und die »Flavoured Vodkas«. Diese sind Smirnoff-Wodkas mit 37,5 %vol, die in über zehn Geschmacksrichtungen angeboten werden.

STOLICHNAYA Stolichnaya, den »Wodka aus der Haupt-
stadt«, gibt es seit den 1950er-Jahren, etwa zehn Jahre
später begann man mit dem Export. Heute ist er einer
der meistkonsumierten Wodkas der Welt. Aufgrund
einer dezenten Zuckerung schmeckt er sehr mild. Vor
einigen Jahren wurde der Stolichnaya »Elit« eingeführt.
Dieser Ultra-Premium-Vodka wird nach speziellen Ver-
fahren und modernsten Erkenntnissen hergestellt. Bei
beiden beträgt der Alkoholgehalt 40 %vol.

WYBOROWA Ist mit Abstand die bekannteste
Wodkamarke Polens und eine der größten Marken
überhaupt. Für den Export-Wyborowa werden ausschließlich Roggendestillate aus zwei der berühmtesten
Brennereien Polens verwendet. Wyborowa (der »Aus-
erwählte« – von Wybor = der Wähler) gibt es seit den
1920er-Jahren, in den 1970er-Jahren wurde er auch in
Westeuropa bekannt.

COSMOPOLITAN
DER KLASSIKER DER US-FILMSERIE

6 cl Wodka

3 cl Cointreau

3 cl Cranberrynektar

1 cl Limettensaft

SO WIRD'S GEMACHT

Die Zutaten im Shaker mit Eiswürfeln
kräftig schütteln und in ein gekühltes
Cocktailglas abgießen. Eine dünne,
spiralförmig geschnittene Limettenschale
dazugeben.

MOSCOW MULE
DIE MODERNE VERSION

6 cl Wodka

2 cl Limettensaft

1 cl Zuckersirup

Ginger Beer

SO WIRD'S GEMACHT

Die Zutaten – ohne Ginger Beer – mit Eiswürfeln im Shaker kräftig schütteln und in ein Longdrinkglas auf einige Eiswürfel abgießen. Mit kaltem Ginger Beer auffüllen und mit einer Gurkenschale garnieren.

ANMERKUNG Ginger Beer ist eine Ingwerlimonade und hat nichts mit Bier zu tun.

SEX ON THE BEACH
CALIFORNIA-KLASSIKER DER 1990ER-JAHRE

3 cl Wodka

3 cl Pfirsichlikör

6 cl Cranberry-Preiselbeer-Nektar

6 cl Ananassaft

SO WIRD'S GEMACHT

Die Zutaten im Shaker mit Eiswürfeln gut schütteln und in ein Longdrinkglas auf Eiswürfel abgießen.

VARIANTEN

WOO WOO 3 cl Wodka, 2 cl Pfirsichlikör, 12 cl Cranberrynektar

SEA BREEZE 4 cl Wodka, 3 cl Grapefruitsaft, 12 cl Cranberrynektar

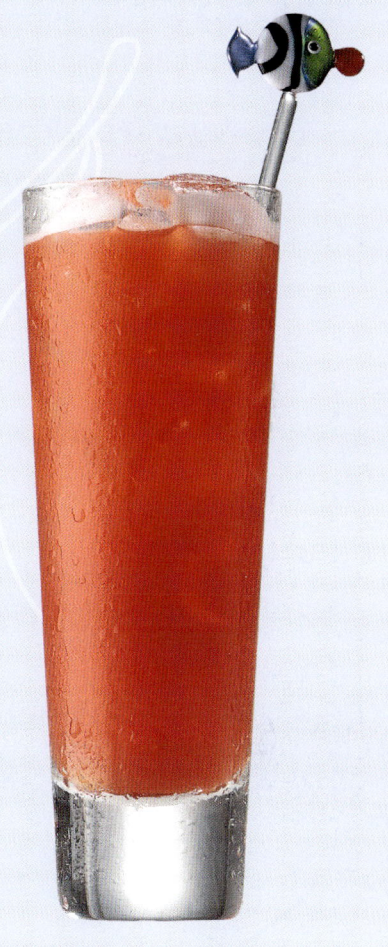

GREEN EYES
FRUCHTIG UND SCHNELL GEMIXT

3 cl Wodka

3 cl Blue Curaçao

12 cl Orangensaft

SO WIRD'S GEMACHT

Die Zutaten mit Eiswürfeln im Shaker kräftig schütteln und in ein Longdrinkglas auf einige Eiswürfel abgießen. Einen Spieß mit der halben Orangenscheibe und zwei grünen Cocktailkirschen über den Glasrand legen.

ANMERKUNG Diesen Drink kann man auch direkt im Glas anrichten.

SWIMMING POOL
PIÑA-COLADA-VARIANTE

4 cl Wodka

2 cl Blue Curaçao

2 cl Sahne

12 cl Ananassaft

2 cl Cream of Coconut oder Kokossirup

SO WIRD'S GEMACHT

Die Zutaten im Elektromixer gut durch-
mixen und in ein zur Hälfte mit gesto-
ßenem Eis gefülltes großes Becherglas
abgießen. Mit einem Ananasstück und
einer Cocktailkirsche garnieren.

ANMERKUNG Den Blue Curaçao kann
man auch zuletzt auf den fertigen Drink
gießen.

CAIPIROVKA
CAIPIRINHA-VARIANTE

1–2 Limetten
6 cl Wodka
1–2 cl Zuckersirup

SO WIRD'S GEMACHT

Die Limetten vierteln, den Saft in einen großen Tumbler ausdrücken und die Limettenstücke mit ins Glas geben. Mit einem Holzstößel die Limettenstücke im Glas nochmals ausdrücken. Wodka und Zuckersirup dazugießen und mit einem Barlöffel vermischen. Das Glas mit Eiswürfeln oder grob zerstoßenen Eiswürfeln füllen und nochmals umrühren.

HARVEY WALLBANGER
BERÜHMTER US-LONGDRINK

4 cl Wodka

10 cl Orangensaft

1 cl Galliano Vanilla

SO WIRD'S GEMACHT

Wodka und Orangensaft in ein mit Eiswürfeln gefülltes Longdrinkglas geben. Kurz rühren, den Galliano langsam daraufgießen und nicht mehr rühren. Eine Orangenscheibe an den Glasrand stecken.

VARIANTEN

SCREWDRIVER Ein Harvey Wallbanger ohne Galliano

FREDDY FUDPUCKER Tequila anstelle von Wodka

BLUE LAGOON
DER DRINK FÜR DIE STRANDBAR

4 cl Wodka

2 cl Blue Curaçao

1 cl Zitronensaft

kalte klare Zitronenlimonade

SO WIRD'S GEMACHT

Wodka, Blue Curaçao und Zitronensaft
in ein Longdrinkglas auf einige Eiswürfel
geben und mit der Zitronenlimonade
auffüllen. Eine Zitronenscheibe an den
Glasrand stecken.

VARIANTE

MIDNIGHT IN MOSCOW 4 cl Wodka,
2 cl Blue Curaçao, 4 cl Grapefruitsaft,
Tonic Water

BARBARA
SAHNIGER AFTER-DINNER-DRINK

4 cl Wodka

2 cl Crème de Cacao Braun

4 cl Sahne

SO WIRD'S GEMACHT

Wodka, Crème de Cacao Braun und Sahne im Shaker mit Eiswürfeln gut schütteln. Den Drink durch einen Barsieb in eine Cocktailschale abgießen.

VARIANTEN

SWEET MARIA 4 cl Wodka, 2 cl Amaretto, 4 cl Sahne

WHITE CLOUD 4 cl Wodka, 2 cl Crème de Cacao Weiß, 2 cl Sahne, 2 cl Kokossirup

FIREBALL
SCHNELL GEMIXTER LONGDRINK

2 cl Wodka
3 cl Red Orange Liqueur
kaltes Tonic Water

SO WIRD'S GEMACHT
Wodka und Red Orange
Liqueur in ein Longdrinkglas
auf einige Eiswürfel geben
und mit Tonic Water auffüllen.
Eine halbe Orangenscheibe
dazugeben.

ORANGE PASSION
FRUCHTIGE MARACUJA

2 cl Wodka

4 cl Passoã Maracuja Liqueur

12 cl Orangensaft

SO WIRD'S GEMACHT

Die Zutaten mit Eiswürfeln im Shaker kräftig schütteln und in ein Longdrinkglas auf einige Eiswürfel abgießen. Eine halbe Orangenscheibe dazugeben.

VARIANTE

SIMPLY RED 4 cl Wodka, 2 cl Red Orange Liqueur, 6 cl Orangensaft, 6 cl Maracujanektar

MELON PUNCH
FÜR DIE HAPPY HOUR

3 cl Wodka

4 cl grüner Melonenlikör

3 cl Orangensaft

2 cl Limettensaft

SO WIRD'S GEMACHT

Die Zutaten mit Eiswürfeln im Shaker kräftig schütteln und in ein Becherglas auf einige Eiswürfel abgießen. Ein Melonenstück und eine Cocktailkirsche dazugeben.

MELON SUN

APARTER LONGDRINK

2 cl Wodka

4 cl grüner Melonenlikör

1 cl Grenadine

10 cl Orangensaft

SO WIRD'S GEMACHT

Die Zutaten im Shaker mit Eiswürfeln
schütteln und in ein Longdrinkglas auf
Eiswürfel abgießen. Eine halbe Orangenscheibe dazugeben.

PISANG COOLER
FRUCHTIG-EXOTISCHER LONGDRINK

2 cl Wodka

4 cl Pisang Ambon oder
Grüne Banane Liqueur

12 cl Orangensaft

SO WIRD'S GEMACHT

Die Zutaten mit Eiswürfeln im Shaker
kräftig schütteln und in ein Longdrinkglas
auf einige Eiswürfel abgießen. Einen
Minzezweig dazugeben.

STRAWBERRY CHI-CHI
WODKA-ERDBEER-VARIANTE DER PIÑA COLADA

4 cl Wodka

4 cl Erdbeerpüree

2 cl Kokossirup

10 cl Ananassaft

SO WIRD'S GEMACHT

Die Zutaten mit Eiswürfeln im Shaker kräftig schütteln und in ein Longdrinkglas auf einige Eiswürfel abgießen. Eine Erdbeere an den Glasrand stecken.

VARIANTEN

CHI-CHI (DAS ORIGINAL) 6 cl Wodka, 8 cl Ananassaft, 4 cl Kokossirup, 2 cl Sahne

STRAWBERRY CHI-CHI Alkoholfrei – ohne Wodka mit etwas mehr Ananassaft

BLOODY MARY

DER BERÜHMTE KATERKILLER

frisch gemahlener Pfeffer

Selleriesalz

2 Spritzer Tabasco

4 Spritzer Worcestershiresauce

1 cl Zitronensaft

5 cl Wodka

12 cl Tomatensaft

SO WIRD'S GEMACHT

In ein Longdrinkglas auf einige Eiswürfel Gewürze, Zitronensaft und Wodka geben. Mit Tomatensaft auffüllen, gut umrühren. Eine Stange Staudensellerie dazugeben.

VARIANTEN

BLOODY BULL Halb Tomatensaft, halb Consommé

BULL SHOT Anstelle von Tomatensaft mit Consommé

VIRGIN MARY Alkoholfrei – ohne Wodka

KAMIKAZE
WODKAVARIANTE DER BERÜHMTEN WHITE LADY

3 cl Wodka

3 cl Cointreau oder Triple Sec Curaçao

3 cl Limettensaft

SO WIRD'S GEMACHT

Die Zutaten mit Eiswürfeln im Shaker
kräftig schütteln und in einen Tumbler auf
einige Eiswürfel abgießen. Eine Limettenscheibe dazugeben.

SPRINGTIME COOLER
MIT LEICHTEM WALDMEISTERAROMA

4 cl Grasovka-Wodka

2 cl Blue Curaçao

1 cl Zuckersirup

3 cl Zitronensaft

6 cl Orangensaft

SO WIRD'S GEMACHT

Die Zutaten mit Eiswürfeln im Shaker kräftig schütteln und in ein Longdrinkglas auf einige Eiswürfel abgießen. Zwei Karambolesterne an den Glasrand stecken und zwei Cocktailkirschen in das Glas geben.

FLYING CANGAROO
AUS DER SCHUMANN'S BAR IN MÜNCHEN

3 cl Wodka

3 cl weißer Rum

1 cl Galliano Vanilla

1 cl Sahne

2 cl Kokosnusscreme

4 cl Ananassaft

2 cl Orangensaft

SO WIRD'S GEMACHT

Die Zutaten im Shaker mit Eiswürfeln schütteln und in ein großes Becherglas auf zerstoßenes Eis abgießen. Ein Ananasstück dazugeben.

VERSTECKTE LIEBE
FÜR DIE HAPPY HOUR

2 cl Wodka

2 cl Malibu Coconut Liqueur

1 cl Cranberrysirup

1 cl Sahne

4 cl Maracujanektar

SO WIRD'S GEMACHT

Die Zutaten mit Eiswürfeln im Shaker kräftig schütteln und in einen Tumbler auf einige Eiswürfel abgießen. Mit Kokosraspeln bestreuen und eine halbierte Erdbeere an den Glasrand stecken.

WHITE RUSSIAN
BERÜHMTER AFTER-DINNER-DRINK

4 cl Wodka

2 cl Kahlúa Coffee Liqueur

leicht geschlagene Sahne

SO WIRD'S GEMACHT

Wodka und Kahlúa im Rührglas mit Eiswürfeln gut verrühren und in ein gekühltes kleines Stielglas abgießen. Die Sahne als Haube daraufsetzen.

VARIANTE

BLACK RUSSIAN Wodka und Kahlúa ohne Sahne

BAYERISCHE KOPFNUSS
WUNDERBARE WHITE-RUSSIAN-VARIANTE

3 cl Lantenhammer Bavarka Vodka

3 cl Lantenhammer Walnusslikör

2 cl leicht geschlagene, mit Vanille aromatisierte Sahne

SO WIRD'S GEMACHT

Bavarka und Walnusslikör im Rührglas mit Eiswürfeln gut vermischen und in ein gekühltes kleines Stielglas abgießen. Die Sahne als Haube daraufsetzen.

FROZEN CHOCOLATE
MILD UND SCHOKOLADIG

2 cl Wodka

3 cl Mozart White Chocolate Liqueur

4 cl Sahne

5 große Erdbeeren

SO WIRD'S GEMACHT

Die Zutaten im Standmixer gut mixen und in einen großen Tumbler auf zerstoßenes Eis abgießen. Mit einem Barlöffel umrühren. Eine Erdbeere an den Glasrand stecken.

RED APRICOT
FRUCHTIG-MILDER LONGDRINK

4 cl Wodka

4 cl Marillenlikör oder Apricot Brandy

2 cl Zitronensaft

10 cl Orangensaft

1 cl Grenadine

SO WIRD'S GEMACHT

Die Zutaten mit Eiswürfeln im Shaker kräftig schütteln und in ein Longdrinkglas auf einige Eiswürfel abgießen. Mit Orangenschale und Cocktailkirsche garnieren.

RED FINISH
FÜR DIE HAPPY HOUR

2 cl Wodka

3 cl Strawberry Liqueur

1 cl Zitronensaft

4 cl Orangensaft

SO WIRD'S GEMACHT

Die Zutaten mit Eiswürfeln im Shaker kräftig schütteln und in eine Cocktailschale abgießen. Eine Erdbeere an den Glasrand stecken.

COCKTAILREGISTER

Banana Boat	42	Flying Cangaroo	102
Barbara	84	French 75	33
Bayerische Kopfnuss	107	Frozen Chocolate	108
Big Ben	55	Gimlet	19
Bloody Mary	96	Gin Bramble	38
Blue Lagoon	83	Gin Hot Toddy	60
Bombay Crushed	30	Gin Sour	26
Bronx	56	Gin Tonic	12
Caipirovka	79	Green Eyes	74
Cosmopolitan	68	Green Jade	53
Cranberry Cooler	45	Harvey Wallbanger	80
Fireball	86	Kamikaze	99
Florida Sling	50	Martini-Cocktail	15

Melon Punch	88	Sex on the Beach	72
Melon Sun	90	Singapore Sling	29
Moscow Mule	71	Springtime Cooler	101
Moulin Rouge	35	Strawberry Chi-Chi	95
Orangenflip	47	Swimming Pool	77
Orange Passion	87	Tropical Red	41
Pink Flamingo	59	Vanity	23
Pisang Cooler	93	Versteckte Liebe	104
Red Apricot	111	White Lady	20
Red Finish	112	White Russian	106
Red Lion	25	Yellow Star	36
Rhubarb Martini	16		
Sapphire Summer	48		

IMPRESSUM

ÜBER DEN AUTOR

Franz Brandl zählt seit über 30 Jahren zu den ganz Großen seines Fachs. Als ausgebildeter und geprüfter Barmeister kann er auf eine erfolgreiche Karriere zurückblicken. In München leitete er u. a. Harrys New York Bar und die Bar in Eckart Witzigmanns weltberühmtem Restaurant »Aubergine«.

BILDNACHWEIS

Alle Bilder einschließlich der Umschlagbilder stammen von Reinhard Rohner, München. Alle Innenteilillustrationen stammen von Shutterstock/Lavandaart.x

HINWEIS

Das vorliegende Buch ist sorgfältig erarbeitet worden. Dennoch erfolgen alle Angaben ohne Gewähr. Weder Autor noch Verlag können für eventuelle Nachteile oder Schäden, die aus den im Buch gegebenen Hinweisen resultieren, eine Haftung übernehmen.

EBENFALLS VON FRANZ BRANDL BEI SÜDWEST ERSCHIENEN:

Best of Cocktails, mit Alkohol
Best of Cocktails, ohne Alkohol
50 Top-Drinks mit Rum & Tequila

1. Auflage
© 2014 by Südwest Verlag, einem Unternehmen der Verlagsgruppe Random House GmbH, 81673 München

Redaktionsleitung Susanne Kirstein

Redaktion Dr. Ulrike Kretschmer, München

Layout und Umschlaggestaltung *zeichenpool

Satz, Projektrealisation Grafikdesign Hansen – Jan-Dirk Hansen, München

Reproduktion Artilitho snc, Lavis (Trento)

Druck und Bindung Druckerei Uhl, Radolfzell

Printed in Germany
ISBN 978-3-517-08989-8

FSC
MIX
Papier
FSC® C004229

Verlagsgruppe Random House
FSC® N 001967
Das für dieses Buch verwendete
FSC®-zertifizierte Papier *Profisilk* wurde
produziert von Sappi Stockstadt.